Ein Fremder im Frühlingswind

1

Kanna Kii

TOKYOPOP®

Inhaltsverzeichnis

Charaktere

Shun Hashimoto

Ein junger Schriftsteller. Stammt aus Hokkaido. Er sollte vor langer Zeit seine Sandkastenfreundin Sakurako heiraten, doch am Tag der Hochzeit gestand er ihr, dass er schwul ist, und lief davon. Er hat den Kontakt zu seinem Elternhaus abgebrochen.

Mio Chibana

Ein junger Mann, der von der Insel stammt. Seine Mutter hat ihn allein aufgezogen, ist aber verstorben, als er in der Highschool war. Zu dieser Zeit hat er Shun kennengelernt. Er hatte die Insel für drei Jahre verlassen, kam dann aber zurück, als er sich seiner Gefühle für Shun sicher war.

Sakurako

Shuns Sandkastenfreundin und frühere Verlobte.

Geschichte

Shun Hashimoto lebt auf einer abgelegenen Insel in Okinawa und lernte dort den Highschool-Schüler Mio Chibana kennen. Sie kamen sich näher, doch dann verließ Mio plötzlich die Insel. Drei Jahre später kehrte Mio zurück und gestand Shun seine Liebe. Sie wurden ein Paar. Doch dann tauchte plötzlich Shuns frühere Verlobte, Sakurako, auf der Insel auf. Sie drängte ihn, in seine Heimat zurückzukehren, da sein Vater krank sei.

#1
Ein Fremder im Frühlingswind
Ich bin noch nie mit einem Flugzeug geflogen.
Auch nicht bei einer Klassen-fahrt?
Da war ich erkältet und konnte nicht mit.
Das ist schade.

Ich verlasse diesen Ort zum ersten Mal.
Wenn ich so zurückdenke …
Oh, aber …
… Flugzeuge segeln doch durch die Luft, nicht wahr?
Ich hoffe, mir wird nicht schlecht.
Die Maschine wird in Kürze …
… mit den Startvorbereitungen beginnen. Aus Sicherheitsgründen …
Shun …

... war ich schon von Anfang an komisch, glaube ich.
Du willst lieber hier bei mir sein?
Ja.
Draußen.
Ist ja gut.
Möchtest du nicht mit den anderen Kindern spielen?
Nein. Raus-gehen.
Ach so.
Du wirst deine Schüchtern-heit nicht los, was?
Ah!

Shun lässt sich schon wieder auf den Arm nehmen!
Was machen wir heute in Sport?
Hm? Wir tanzen.
Kotz!
Sag mal, Hashi-moto ...
Quietsch
Geht's dir schon die ganze Zeit nicht gut?
Hä?
Quietsch
Willst du nicht lieber ins Krankenzimmer gehen?

Du bist knallrot.
Krankenzimmer
Willst du Fieber messen?
Die Lehrerin ist gerade nicht da.
Nein. Schon gut.
Du kannst ruhig wieder zurückgehen.
Ah ... Ja.
Hör mal ...

... bist du schwul?
Ich hab zwar nichts gegen dich ...
... aber so ...
... bin ich echt nicht drauf.
Tut mir leid.

Ratter
Ach.
Hier haben wir ja einen Patienten. Ent-schuldige.
Frau Lehrerin.
Ja?
Srrt
Darf ich nach Hause gehen?
Geht es dir so schlecht?
Ich sterbe gleich.
Ach herrje.

Es tut weh …
… wenn man von den Leuten …
… nicht akzeptiert wird.
Ich …
… will nicht mehr so sein.

Ich ...
... bin definitiv komisch.
Ich möchte mich ...
... in ein Mädchen verlieben, wie es sich gehört.
Mir ist so schlecht ...
Ich wäre lieber normal.
Wieso hast du dich ...
Ich möchte normal sein.

… eigentlich in einen wie mich …
… verlie…
Hä?!
Dröööhn
Was?!
Später! Ich bin gerade beschäftigt …!
Ratter
Hä? Hör mir doch zu!
Ruckel
Wah!
Knarr
Wie …
Wie … Wie … Wie viele Minuten noch?
Zehn Minuten …
Gleich ist es vorbei, gleich vorbei …
Ding Dong
Aufgrund von Luftströmungen …
… rechnen wir mit einigen Turbulenzen …
In Tokyo steigen wir um und fliegen noch mal zwei Stunden.
Erbleich

Shun ...
Ein Schiff ...
Lass uns lieber ein Schiff nehmen! Ich hab Angst!
Wimmer
Was?
Ruckel
Knarr
Flenn
Der Onkel da ...
... weint, obwohl er schon groß ist.
Ah!
Ich kann nicht mehr! Ich will nicht abstürzen! Wir stürzen ab! Wir stürzen ...
Knarr
Ruckel
Das reicht jetzt!
Pling
Ja.
Zwei Erwachsene.
Und stornieren Sie bitte den Anschlussflug.
Den will ich haben.
Das geht nicht!
Los, gehen wir, Mio.
Auf einer Fähre war noch was frei.

Ist es okay, wenn wir kurz bei meiner Redaktion vorbeigehen?
Du willst ihn haben?
Ja.
Ist gut. Ich schenk ihn dir.
Ja.
Bist du fertig mit dem Manuskript?
Ja.
Ich hab es gestern fertig bekommen und will mal Hallo sagen.
Vielen Dank! Ich hab dich lieb!
Du hast ihn ihr geschenkt?
Den Hut.
Sie wollen nach Okinawa.
Die Sonne scheint dort noch ziemlich stark.
Biep
Monorail
Klack
Hier ist es nicht besonders warm.
Biep
Klack
Mit Kindern kommst du also klar.

Wieso?
Du bist doch sonst so schüchtern und magst keine Menschenmengen.
Deine Fahrkarte.
SuCa
Eine Wassermelone?
Ich mag Kinder.
Iida-bashi.
Iida-bashi.
Quetsch
Quetsch
Quetsch
Aber ...
... das hier ist mir zu viel ...
Alles in Ordnung?
......
Wimmel
Wimmel
Wie können die hier nur leben?
Bamm
Bamm
Bamm
Vromm
Vromm
Hup
Der Lärm hält einen davon ab, zu viel zu grübeln.
Das ist eigentlich ganz angenehm.
Ding
Dong

Verstehe ...
ガコン
Klack
Mio.
Ja?
Bling

Guten Tag!
ガコ
Baff
Nanu?
Oh! Hashimoto!
ガコー
Baff
Hey, Mio. Die Tür schließt.
Was hast du uns mitgebracht?
Nichts.
Was, gar nichts?
Ich bringe Tee.
Möchtest du eine Tasse?
Hä?
Ah ... Ja.
Ein süßer Junge.
Setz dich ruhig dort hin. ♡
......
Ich wünschte ja, du würdest etwas schreiben, das sich besser verkauft.
Na ja ...
... wenn ich das könnte, würd ich's tun.
Die sind hier ja sehr direkt ...

Und halte gefälligst die Abgabetermine besser ein!
Du warst doch auch mal in dieser Position und weißt, wie das ist!
Dass ich auf Papier schreibe, erleichtert die Arbeit nicht gerade!
Ah …
Ja, das stimmt.
Übrigens, wann bekomme ich endlich mehr Geld?
Also weißt du!!
Ah …
erstehe.
Er hat früher hier gearbeitet?
Ach, war doch nur Spaß.
Was?
Du hast ja tatsächlich mal ordentlich gearbeitet.
そばう
Im Büro.

Eine
Hab ich nicht. Es war nur ein Aushilfsjob.
Kommt sofort.
Oh ...
Wobei vorhin ...
Aber ...
... irgendwie ...
... wirktest du anders als auf der Insel.
Nicht wirklich.
Schlürf
»Sieh mal einer an.«
»Du machst irgendwie einen guten Eindruck.«
Du bekommst den normalen Tee.
Chef-redakteurin
Hm ...?
Das kann ich dann wohl nicht beurteilen.
Düde dü
......
Eine Mail?

Ja, von zu Hause.
Von deiner Mutter? Klasse, dass sie weiß, wie man mailt.
Ja ... Stimmt.
Hach ... Ich will nicht nach Hause ...
Mann ...
Shun!
Ja.
Tipp Tipp
Lass den Kopf nicht so hängen!
Schau mal, wie hoch der ist!
Er ist rot!
Ich lass ihn aber hängen.
Wah!
Wieso
t das Einzi-
e, das du se-
en wolltest,
usgerech-
net das?

*Ein 634 m hoher Fernsehturm in Tokyo. Damit ist er f
doppelt so hoch wie der 333 m hohe rote Tokyo Towe

Hey, Shun ...
... sieh dir das ...
Ah ...
Nanu ...?
Shun?

Haben wir uns verlo-ren?
Wah!
Rumms
Ah …
Au!
Oh …
E…
Entschul-digung!
In Kürze …
Alles in Ordnung?
Alles bestens. ♡
… wird die …
… LED-Beleuch-tung einge-schaltet.

Stimmt ja ...
Das Handy ...
Tuut
Tuut
Tuut
Tuut
Wieso gehst du nicht ran?!
Da bin ich wieder. Die Toiletten waren überfüllt.
Nanu? Telefonierst du?
Willkommen zurück.
Kuller
Was?!
Was ist denn?! Ich war nur auf der Toilette!
Du warst mit dem Kopf in den Wolken, was?
Ha ha ha

Ach ja ...
... meinst du?
Uwah!
Uwah!
Quetsch
Quetsch
Uff ...
Der Aufzug fährt nac unten.
Ding Dong
Mio ...
Die Türen schließen.
... komm hierher.
Klack
Wah!
Press
Tokyo ist ...
... echt unglaub-lich.

Ding
Dong
Zweite Etage.
Echt Wahnsinn ...
Sh...
Shun ...
Sieh mal!
Ihre Hände.
ie halten ändchen.
Was?
Das sind Männer!

E... Es geht schon wieder!
Schwupp
Danke!
Oh ...
Ach so ...
Hä ...?
Das ist dir sicher unangenehm. Entschuldige.
Das stimmt nicht!
Ist das riesig.
Ich übernachte zum ersten Mal an Bord eines Schiffes.
Das ist es nicht!

Ich dachte, dir wäre es unangenehm, Shun!
Was?
Die Hände!
Mir?
Das kümmert mich nicht.
Sind doch nur Kommentare von irgendwel-chen Fremden.

Mir macht das nichts aus ...
... aber wenn es dir unangenehm ist, dann sag es auch.
Es ist mir nicht unangenehm!
D...
Oh?
Das macht mir überhaupt nichts aus!
Da ist doch nichts bei!
Oh.

Wir sind schon so weit weg ...
Ah, stimmt.
Sag mal ...
... warum bist du auf die Insel gekommen?
Du hattest dir doch schon ein Leben in Tokyo aufgebaut.

Als ich einmal gedankenversunken ...
... durch Shinjuku lief ...
... hat sich ein Mann an mich rangemacht.
Zu dem Zeitpunkt hatte ich gerade einen Korb bekommen.
Mir war irgendwie alles egal ...
... und jeder wäre mir recht gewesen.
Wir sind dann direkt in ein Love Hotel gegangen ...
... aber es ging einfach nicht.
Hach ... Da hatte ich wirklich ...
... was Schlimmes angestellt ...

D...
Dass du einfach ...
... mit jemandem, den du nicht kennst, in so ein Hotel gehst ...
Wir haben's nicht getan.
A...
Aber trotzdem ...!
Trotzdem hat mir der Mann Geld gegeben.
Shun.
Da dachte ich ...
... ich könnte mal eine Weile mit dem Arbeiten aufhören ...
... und bin zu meiner entfernten Verwandten gegangen ...
Hör mal.
Ich bin vielleicht nicht der Hellste ...
... aber bitte führ ein aufrichtiges Gespräch mit mir.

Das reicht jetzt.
……
Es ist aber wahr ...
Ja, ja. Schon klar.
Ich geh schon mal ins Bett.
Gute Nacht.
Klack

Badamm
Na ja ...
Das ist schon eine ziemlich idiotische Geschichte.
Er hat ja recht.
Darf ich ...
... dich zuerst auszie-hen?
Hm ...
Darf ich?
Ah ...
Ja.

Einfach so in ein Hotel mitzugehen ...
Das ist doch gefährlich.
Hm ...
Ist das dein erstes Mal?
Knarr
Ja.
Verstehe.
Dann werde ich ganz sanft sein.
Knarr
Nimmst du mal den Arm hoch?
Hm?!
Ach herrje!
Schluchz
Nicht doch ...
Stimmt was nicht?
Meine Güte ...

Hm, ja. Das ist schreck-lich.
Wieso immer nur deine Freunde?
Stehst du vielleicht auf Heteros?
Mit Heteros hat man's schwer!
Weiß nicht ...
Such dir lieber einen Schwulen! Du bist süß.
Du findest estimmt schnell einen netten Freund.
Okay? ♡
Nein ...
Okay?
Okay?
Nicht wirk-lich ...
Ich möchte mich lieber ganz normal in ein Mädchen verlieben.
Willst du denn unbe-dingt Sex mit einem Freund?
......
Was?
Ist ja nicht falsch ...

Man möchte seine Anomalie von einem normalen Menschen bestätigt bekommen ...
... und mit ihm zusammen etwas Verbotenes tun.
Wenn das wahr würde ...
... wäre es wie ein Traum. Wundervoll. ♡
Aber das kommt ...
... so gut wie nie ...
»Ich ...
Was ist los? Ist dir nicht gut?
... will nicht mehr so sein.«

Ich muss mich übergeben.
»Ich bin definitiv komisch.«
Hä?
Alles in Ordnung?
»Mir ist so schlecht ...«
Hast du einen schwachen Magen?
Schon gut. Lass es raus.
Wie kann ich mich ändern ...?
Herrje ...

Du solltest ein unbeschwertes Leben führen.
Tschilp
Tschilp
ふらん
Hach ... jetzt habe ich ...
... die Arbeit geschwänzt ...
Dabei habe ich gesagt, ich würde abends zurückkommen.
¥ 5.800
Und kalt ist es auch ...
Ah!
Hör mal! ♡
Das hier geb ich dir. ♥
?
U...
バサーッ
Raschel
Uwah ...
Ich habe beim Pferderennen gewonnen. ♡

Hi hi hi. Na, überrascht?
Ist leicht-verdientes Geld, also mach dir keine Gedanken.
Hah!
Hi hi
Schmatz
Mmmmmh!
Tschilp
Tschilp
Mit so einem jungen und süßen Typen zu plaudern ...
... hat mir viel Spaß gemacht. ♡
Du wirst einen ...
Tschilp
Tschilp
Tschilp
... süßen Freund finden!

Es kommt mir noch immer nicht real vor ...
Ich hätte ihn wenigstens nach seinem Namen fragen sollen.
Blätter
Schläfst du immer noch nicht?
Es ist schon ein Uhr. Was liest du da?
......
Ein kompliziertes Buch.
Tatsächlich ... Kannst es wiederhaben.
Mio ...

Was ...?
......
Man kann uns hier sehen ... Wenn nun jemand vorbeikommt?
Was denn?
Hast du nicht gesagt, das wäre noch gar nichts?
Turtel
Turtel
Ja, schon ...
Hach, ich hätte doch eine Kabine in der ersten Klasse buchen sollen.
?
Wir haben doch Einzelzimmer.
Na ja, wenn wir ankommen, checken wir in ein Hotel ein.

Ein Hotel? Was ist mit deinen Zuhause?
Als verstoßener Sohn, der plötzlich heimkehrt, kann ich doch ...
... keinen Mann mitbringen und mir mit ihm ein Bett teilen.
A... Ach so?
Ich ...
... bin jetzt einfach so mitgekommen, aber was soll ich da eigentlich ...?
......
Ach.
Es kommt, wie es kommt.
Schwupp
Was esse ich denn am besten?
»Du willst lieber hier bei mir sein?«

»Ja.«
Sag mal …
Was gibt es in deiner Stadt eigentlich so, Shun?
Nicht viel.
Tut mir leid.«
»Alles in Ordnung?«
Das Meer, Berge … und sonst nichts …
Ist nicht viel anders als auf der Insel.
Nur ein bisschen kälter.
»Du wirst einen …
… süßen Freund finden!«
»Mal abgesehen davon bist du es doch, der mich die ganze Zeit anschaut.«
Ach so.
»Was ist das denn …«
»Das klingt ja wie eine Anmache.«

Hör mal, Mio.
»Ich bin zurückgekommen ...«
»Also ...
... verlieb dich auch in mich!«
Hm?
Danke, dass du mitgekommen bist.
Ja.
Kein Problem.
Sag mal, diese Tintenfischnudeln ...
Ist das Tintenfisch? Oder sind das Nudeln?
Und außerdem ...

Ich liebe dich auch.
Ah, diese Tintenfisch-nudeln ...
... das sind getrocknete Nudeln, die aus Tintenfisch-pulver gemacht werden.
Hä?
Hä?
Hä?
A...
A...
RUCK
Ach so! Das freut mich!
...
Das war gelogen.

Hä?!
Das sind nur Sashimi* aus Tintenfischfleisch.
Na ja, aber lecker ist es schon.
Das meine ich doch nicht!
*in dünne Streifen geschnittener roher Fisc
Shun.
Ja, stimmt.
Komm schon! Sag es richtig!
Ja, genau.

Es kommt, wie es kommt.
自動販
ICE
FOSS

#2 Ein Fremder im Frühlingswind

... sind wir
in einem
Zimmer ...
Hach
...
Ich hab
zum ersten
Mal so viel
getrunken.
Prassel
Prassel
Prassel
Bist
du auch
betrunken,
Shun?
Prassel
Nicht
so sehr
wie du!
Du hast ge-
trunken, als
wärst du am
Verdursten!
Ha ha
ha. Tut
mir leid.
Soll ich
wirklich mit dir
in die Wanne
steigen?
......
Rausch
Na
klar!

Komm schnell rein!
Ist das nicht zu eng?
Das ist ja das Gute daran!
Plätscher
In Wahrheit ...
... bist du gar nicht betrunken, oder?
Ha ha!
Du hast mich also durchschaut?
Uwah!
Platsch
Dong
Plätscher
Ha ha
... und ganz allein für uns.
Autsch!
Platsch

Ein wenig früher
Dein Wievieltes ist das?
Erst das Dritte.
Alles in Ordnung?
Ich will nicht an morgen denken.
Ach ...
Ich trinke ja nie.
Verträgst du keinen Alkohol?
Hm.
Ich mag den Geschmack nicht.
Entschuldigung!
Komme!
Ich möchte noch eine Cola ...
... und dazu noch frittiertes Hühnchen, Tofu mit Fleisch, Omelett, Bohnen ...
... und eine Schale Reis bitte.
Du haust ganz schön rein ...
Und du, Shun?
Hm ...
Ich nehme das ...
... und das ...
Was ist das?
Gern!

Das kann man trinken! Schmeckt gut.
Schmeckt süß!
So süß.
Das ist auch Alkohol.
Ach ja ...
Wie alt bist du eigentlich, Shun?
27 ...
Hä?!
Quatsch!
Ich dachte, wir wären gar nicht so weit auseinander!
Als ich das Ticket für das Schiff gekauft habe ...
... musste ich meinen Studenten-ausweis vorzei-gen.
Verdammt!
Macht nichts.
Hab mich dran ge-wöhnt.
Schon gut.
Ich werde nächsten Mo-nat nämlich 21, weißt du?
Hä?!

Ist das wirklich wahr?
Knusper
Knusper
Ja, ich bin 20!
Ich bin volljährig!
Ich möchte auch eine Tasse davon!
Ratter
Äh …
Hä …?
Schluck
Schluck
Sehr wohl. ♡
Sie hat dich vorhin bestimmt für einen Mittelschüler gehalten.
Knusper
Knusper
Ich bin 20!
Wumm!
Ha ha
Du, Shun?
Küsschen!
Gib mir ein Küsschen!
Wui
Küsschen! Küsschen, Küsschen!
Shun! ♡
Küss mich!
Ha ha!
Benimmt er sich nicht doch eher wie ein Grundschüler?

Oh Mann, das nervt ...
Wenn wir zurück sind ...
... dann lass uns gleich ...
... zusammen ...
Er ist echt anstrengend ...
... Sex ...
... haben!
Ha ha!
Trööööt
Hm?
Ein Schiff!
War das eine Dampfsirene?
Nachts ist das Meer ...
... sehr schön, oder?

Obwohl es das gleiche Meer ist, ist es völlig anders.
»Es ist irgendwie so weiß.«
»Meinst du?«
Tagsüber ist es aber auch schön.
»Es sieht aus wie das Jenseits.«
»Ja.«
»Das dachte ich auch ...
... als ich auf die Insel gekommen bin.«
»Normalerweise glänzt es nicht so.«
»Nicht?«

»Ach so ...«
»Ich könnte ...
... für immer so weiter-fahren.«
Katang
»Zugfahren ist auch schön.«
Klacker
Katang
Es wäre schön ...

... wenn es immer so weitergehen würde wie jetzt.
Ich möchte für immer bei dir sein.

Für immer ...
Deine Haare ...
... sind noch nass.
Ich hab sie getrocknet.
Das wird noch zur Gewohnheit.
Ist doch nicht schlimm.
Das kann ich nicht aussprechen, weil ich Angst habe.
Wieso hast du sie abgeschnitten?
Sie wirkten so nachlässig.
Ich wollte eine ordentliche Frisur.
Ach.
Dabei standen dir die langen Haare so gut.

Wirklich?
Dann lasse ich sie wieder wachsen.
Anschmieg
Ich werde sie nie wieder abschneiden lassen!
Ich lasse sie für immer weiterwach-sen.
Hör mal auf ...
... ständig »für immer« zu sagen.
arum ...?

Das hat so einen bitteren Beigeschmack.
Ach was.
Das hat doch keinen bitteren Beigeschmack.
Mh ...
Hah ...
Hey ...
Heb mal die Beine etwas an.
Darf ich ihn in den Mund nehmen?

Frag doch so was nicht!
Hm?
Ich soll dies nicht sagen und das nicht fragen ...
Du verlangst ja echt viel.
Mh ...
Mmh ...
Knarr
Ich will doch auch ...
Hm?
Hah ...
Knarr
Hm?
Knarr
Hah ...
Ah ...
Knarr
Ah ...

Er ist gleich gekommen ...
Shun? Hast du was gesagt?
In Wahrheit ...
... will ich doch auch ...
... jeden Tag ...
Gerne. Machen wir!
Vergiss es.
Knarr
Mann ...
Was denn nun?
Drück dich mal klar aus!
Ich hab ...
... abgeschlossen.
Ist doch offensichtlich.
Hm ...?
Was?

Zu zweit mit dir in diesem ...
... kleinen Zimmer zu sein, erregt mich total.
Mio.
Mio.
...
Aufspring
!
Ah ...
Ent-schul...
Das ist es nicht!

Ich steck ihn jetzt rein!
Äh ...
Dann zieh das Kondom ...
Knarr
Ich will ihn ohne rein-stecken!
Hä?!
Das geht nicht!
Wieso?!
Ist auch gleich vorbei.
W...
Was ist denn los? Zieh wenigstens das Kondom ...
Knarr
Hä?!
Nein!

Ich bin auch gleich fertig.
Gleich, gleich ...
Bitte.
Knarr
Ah ...
Bei dir heißt »gleich« doch was anderes!
Stoß
Ah!
Ah!
Ah ...
Huff ...
Ah ...
Entschuldige.
Denn ...
Knarr
Shun!
Ah ...
... du
Shun!
Knarr

...kommst doch gleich in mir!
Shun!
Ah!
Shun!
Wah ...
Ah ...
Ah ...
Aaaaaaah ...
Puh ...
Maaaaaann ...
Tschilp
Tschilp
Tschilp
Ent..

...schul...
Mir tun der Bauch und der Hintern weh!
Wie willst du das wieder gutmachen?!
Tschilp
Tschilp
Sorry!
Tschilp
Tschilp
Deswegen hab ich doch gesagt, du sollst ein Kondom drüberziehen!
Entschuldigung.
Das tut weh!
Tut mir leid. Bitte vergib mir!
Knie
Hab ich nicht gesagt, du darfst nicht in mir abspritzen?!
M...
Mein Penis ist so ein Idiot. Es tut mir l...
Wumm
Autsch!
Halt die Klappe, Idiot!
Uh...
G...
Geh ins Krankenhaus.
Heute ist Sonntag!
Uuuh...
Es gibt an Feiertagen auch einen Notdienst!
Ich geh da nicht hin!
Es wird schon besser, wenn ich schlafe.

Uh ...
Ich begleite dich auch!
Lass dich lieber untersuchen!
Auf keinen Fall!
Tschilp
Tschilp
Shun!
Knarr
Ist schon gut ...
Geh was fürs Frühstück kaufen.
Wirklich?
Ist das in Ordnung?
Ja, wirklich.
Und kauf auf dem Rückweg noch Wasser.
Nur Wasser? Sonst nichts?
Hm ...

Ich muss vor zwölf los ...
Was soll ich ...
... eigentlich zu Hause?
Hach ...
Ich will nicht hin-gehen ...
Knarr
Letzten Endes ...
... hab ich mir überhaupt ...
... keine Gedanken ge-macht, was ich sagen soll ...

Hmm ...
In Wahr-heit ...
... bin ich derjenige, der den Kopf immer in den Wolken hat ...
Reisbrei
Wasser
Bonbons
Taschenwärmer
(wenn es welche gibt)
HOTELCHO
Knister
Knister
Er hat echt eine schöne Hand-schrift.
Hm?

Das tut gut.
Ich sollte nachher mit Shun herkommen.
Platsch
Platsch
Wuff
Rausch
Rausch
Wuff
Hm?
Rausch
Wuff

Wuff
Wuff
Uwah!
Platsch
Uwah!
Wuff
W u f f
Wuff
Ja?
Was?
Jaul
Ein Hund?
Was ist denn?
Bist du alleine unterwegs?
Ist dein Herrchen nicht bei dir?
Schleck
Wau
Papa!

Steh auf!
Papa!!
Papa!
Steh auf!
Was ist denn los?
»Mama!«
Ich muss ...
... ihnen schnell helfen!
»Mama, steh auf!«

»Schnell!«
»Mama!«
Wuff
!
Ah ...
Plitsch
Jaul?
I...
Ist alles in Ord-nung?
Platsch

Er ist spät dran ...
11:32
Hat er sich verlaufen?
Tipp
Tipp
Tipp
Hatte er einen Unfall?
Na schön.
Ich ruf ihn an.
Tuut
Tuuut
Miau
Vrrr
Miau
Miau
Vrrr
Dieser Idiot!
Ah ... Verdammt!
Vergiss es ...
Ich ...
Torkel
Ich ...
Ich gehe ... alleine ...
Oh Mann ...
Mir tut der Bauch weh ...
Ich hab keine Lust hinzugehen ...

»Ich möchte für immer bei dir sein.«
Total zerzaust ..
Ach, was soll's.
Klack
Ich geh jetzt so.
Hin und wieder ...
Quieh
Ruf mich an, Idiot!
... muss ich auch mal was durchziehen.
Batang

Hallo.
Mama?
Ja.
Alles in Ordnung.
Ich sage ihm, dass er warten soll.
Ja.
Verstanden. Bis dann.
Kling
Mein Papa ...
... hat einen Hexenschuss, sagt sie ...
Verstehe ...
So ein Glück ...
Sie sagt, er bleibt heute im Krankenhaus, weil er sich nicht bewegen kann.
Meine Mama kommt jetzt nach Hause, um ihm ein paar Sachen zu packen.
Ach so.
Dann gehe ich jetzt wieder, okay?

Du sollst noch warten ...
... weil sie sich bei dir bedanken möchte.
Was?
Ist nicht nötig!
Leck
Jemand wartet auf mich.
Ich muss los.
Das Krankenhaus ist nicht weit. Sie ist gleich da.
Ah!
Willst du das Handy benutzen?
Du hast keins dabei, oder?
Wuff
Bitte.
Klimper
Uh ...
Na dann ...
Ja.
Benutz es ruhig.
Weißt du, ich habe ...
... heimlich einen Gast eingeladen, der heute kommt.
Biep
Babiep

Und nun kann Papa nicht nach Hause kommen ...
Wenigstens ist Mama da.
Ich hab mir dafür doch schon so lange Mühe gegeben.
Ein Freund ...?
Nein. Kein Freund.
Ring

十字街
JUJIGAI
Ratter
Hier hat sich nichts verändert ...
Ring
Ring
Ah ...
Ich kann nicht mehr ...
Düdeldü
Ja, ja.
Ein Anruf ...
Sonst mailt sie doch immer ...
Düdeldü
Mutter
Eingehender Anruf
Ich will nicht ran-gehen ...
Düdeldü

!
Ah ...
Das könnte sie sein!
Wuff
Miau
Düdeldü
Ja.
Ah ...
Ich bin fast da.
Was ist mit Vater?
Ist er zu Hause?
Wuff
Wuff
Ihm geht's doch nicht so gut, oder? Ist er im Krankenhaus oder so?
Shun?

Ich bin's.
Wuff
Mio.
Was meinst du damit, du bist fast da?
Kannst du denn schon rausgehen?
Wuff
Klack
カラ
Ratter
Will-kommen zu Hause, Mama!
Wuff

Wuff
Wer sind Sie ...?
Hä?!
Shun!
Was machst du hier?
Das sollte ich dich fragen!
Wuff
Wuff

Was machst du denn bei mir zu Hause?!
Wuff
Bruder!
Hä?
Wuff
Du heißt doch Shun, oder?

Du bist
mein großer
Bruder!
... hörte ich die
Stimme meines
Liebsten ...
Als ich den
Anruf von
meiner Mut-
ter annahm ...
... und als ich
zu Hause
ankam ...
... nannte
mich ein Kind,
das ich nicht
kenne, Bruder.

Der Hund und die Katze haben sich nicht verändert.
Ä... Ähm ...
G... Geht's deinem Bauch wieder besser?
Aus irgendeinem Grund ist er auch da ...
... und redet dummes Zeug.
Ah!
Quietsch
バタン
Batang
Papa ist auch wieder da!
Mir tut der Bauch weh ...
... und ich kapier überhaupt nichts mehr.

Was geht hier vor?
Shun ...?
Ich wollte es doch durchziehen ...
Aber wie zum Teufel soll ich das anstellen?

#3
Ein Fremder im Frühlingswind
Ist es ...
... wirklich das, was du willst?
Wie sollte ich ihnen das denn erklären?
Ich würde ja ...
... auch gerne von dem, den ich mag, verstanden werden ...
... mich verlieben ...
... und Schmetterlinge im Bauch haben.
Das ist schon alles, und trotzdem ...
Ist das denn nicht ganz normal?
Na kommt, schaut her ..
... und lacht, ihr beiden!

Ihr zieht ja furchtbare Gesichter.
Was denn?
Nie lächelt ihr vor der Kamera.
あまざけ
ち
Darf ich das Foto mal sehen?
Hier, bitte.
Vielen Dank.
Und, wie ist es?
Es geht so.
Gluck Gluck
Gluck Gluck
Na dann.

Onkel ...
... ich werde mal Shuns Braut sein!
Ha ha ha
Ach ja?
Hast du es gut, Shun!
Nicht wahr ...
... Shun?
Schluck
Ja, wirklich!
Shun ...?
Ich muss ...
Bist du das, Shun?

Ich muss irgendwas sagen.
»Ich habe gehört, du seist krank.«
Wozu ...
»Ich bin einfach weg-gegangen ...
... und habe euch Ärger bereitet ...«
... bist du ...
... nach so langer Zeit auf einmal zurück-gekommen?

Nicht mal gemeldet hast du dich.
»Ich konnte es euch nicht sagen ...«
Was hast du die ganze Zeit über getrieben?
»Du magst Männer?!«
»Was redest du da, aus-gerechnet jetzt?!«
»Ich bin nicht normal ...«
Shun!

Watsch
Reiß dich zusammen!
Du hast es doch schon so weit geschafft!

Zieh es durch!
Ah ...
Ich ...
... stütze dich auch.
Liebling!
Nicht nötig.
Komm schon!
Ich möchte mit dir reden.
Darf ich reinkommen?

Und ...
Ich bin wieder zu Hause.
Da rufst du extra den Krankenwagen und dann ist es nur ein Hexenschuss.
Baff
Das ist mir so peinlich.
Vielen Dank, dass du ihm geholfen hast.
Verbeug
Ach was!
Ich bin r zufällig orbeigeommen!

Mein Bruder ist der, der au dich gewartet hat?
Äh …
Ja, genau.
Ähm …
Dass du mit Shun hier bist, bedeutet …
… dass ihr beide solch eine Beziehung führt?
Was mach ich jetzt?
Ah …
Bitte entschuldige, falls ich mich irre.
Ist es okay, es ihr zu sagen?
Ich habe mich mit dem Thema befasst …
… aber das ist schon einige Jahre her.
Doch, sag es ihr!
Es bringt doch nichts, es zu verheimlichen.
Ja, so ist es.
Tatsächlich? Es ist wirklich so?

Jetzt bin ich perplex!
Du meine Güte!
Das sieht man dir überhaupt nicht an.
......
Weißt du, wenn der Junge sich unwohl fühlt ...
.. wird er egen sei- er Anämie mer gleich nmächtig.
Hm?
Irgend- wie ...
Ich habe ihn so lange nicht gese- hen.
... ist das total anders, als er mir erzählt hat ...
USA
USA
Auch wenn sie groß werden, ändern sie sich nicht, was?
Aber ich frage mich ...
... warum r auf einmal zurückge- kommen ist.

Es hieß, es stünde nicht gut um seinen Vater ...
Was?
Ihm fehlt doch überhaupt nichts.
...
Und warum liegst du dann im Bett?!
Au!
Spring
Der Hund hat beim Spazierengehen herumgetobt, dabei habe ich mir einen Hexenschuss zugezogen.
Was zum ...?!
Was ist dann mit dem Brief ...
... und dem, was Sakurako gesagt hat ...?
Dass du krank wärst ...?
Bist du deswegen zurückgekommen?
!

Ich bin schwul.
Das war ich schon immer.
Aber ich konnte es niemandem sagen.
Es ist abstoßend, ich schäme mich dafür und bin mir selbst zuwider.
Ich wollte unbedingt normal sein.
Deshalb hatte ich mich entschieden, mein Leben mit einer Frau zu führen.
Aber als sie mich kurz vorher ...
... gefragt hat, ob ich das wirklich will, war ich mir nicht mehr sicher.
Deswegen hat es damals so ein Ende genommen.

Es tut mir leid, dass ich nicht früher ...
... darüber reden konnte und einfach weggelaufen bin.
Wozu entschuldigst du dich nach all der Zeit bei deinen Eltern?
Entschuldigen solltest du dich bei einer anderen Person.
Nachdem du dich jahrelang nicht gemeldet hast ...
... ist es für uns ganz selbstverständlich geworden, dass du nicht mehr da bist.
Mach ruhig weiterhin, wonach dir der Sinn steht, so wie bisher.
Es ist mir inzwischen egal. Mach, was du willst.

パタン
Padamm
Ach, seid ihr fertig?
Wie lief es? Habt ihr euch aussprechen können?
Ah!
Shun ist da?!
Ich hab das Gefühl, ich bin ihr auf den Leim gegangen.
Klack
?
Was redest du da?
Ist ja auch egal. Steigt ins Auto.
Herrje, warum sagst du auch nicht Bescheid, wenn du zurück-kommst?
Liebling, wie geht es dir?
Ich hab doch etli-che Mails geschrie-ben!
Und was ist das hier überhaupt?
Strahl
Ich bin Fumi!

W...
Wie alt bist du?
Sieben!
Sprich gegenüber deinem kleinen Bruder nicht so!
Zitter
Was glaubst du eigentlich, wie viele Jahre du nicht da warst?
Strahl
Ernsthaft ?!
Shun!
Zitter
Geht die Rechnung auf?
Uhuuu
Ich hab dich so vermisst!
Uwah! Was ist denn los?
Sag mir lieber, was du hier zu suchen hast!
Sst
Wie war es ...
... dich nach so langer Zeit wieder mit deinem Sohn zu unterhalten?

Wie soll es schon gewesen sein?
Redest du schon wieder so?
Es ist doch schön, dass er ... zurückgekommen ist, oder nicht?
Wohin fahren wir?
Hey ...
Klack
Wir fahren einkaufen.
Wenn du vorher Bescheid gesagt hättest, hätte ich mich darauf einstellen können.
Ach ...
Wegen des Essens?
Hey ... Bleibst du?
Nein, werde ich nicht.

Wir haben ein Hotelzim mer gebuch
Och ...
Wieso willst du im Hotel übernachten?
Ist das okay für dich?
Äh ...
Für mich? Mir ist das egal. Das überlasse ich dir.
Ihr könnt beide bei un zu Hause schlafen.
Ich halte auf dem Rückweg dort an, dann könnt ihr euer Gepäck abholen.
Also bleibt ihr?!
Jaha ...
Hach. Das nervt ...
Hm?
Was ist?
Es ist grün!
Warum fährst du nicht weiter?!
Was ist los?
Tritt schnell aufs Gasp...

......
Huup
Mutter!
Hup
Hup
Hup
Hup
Was hast du denn?
Klack
Klack
Geht es dir nicht gut?
Ja.
Tut mir leid.
Ich dachte plötzlich ...
... wie schön es ist, dass es dir gut geht.
Ich hatte ja schon befürchtet, dass du vielleicht gar nicht mehr nach Hause kommst ...

Soll ich übernehmen?
Ja.
Das ist wohl besser.
バタン
Badamm
Mama, fehlt dir was?
Kannst du mit Automatik umgehen?
Ja.
Klack
Nein.
Alles in Ordnung.
Hol dir irgendwas, was du magst.
Da, nimm.

Irgend-was?
Egal was. Was Süßes, oder was fürs Abendessen.
Juhu!
IOMI-information
3F
2F
1F
Tipp
Tipp
Tipp
Gibt es etwas, das du nicht isst?
Ah, nein, gibt es nicht. Ich esse alles.
Schreibst du eine Mail?
Ja.
Ach ...
Ich lade eine Freundin von mir und meinem Bruder ein.
Hm ...
Bibiep
Wenn eine Freundin kommt, bin ich bestimmt nur im Weg ... Soll ich lieber irgendwo anders hingehen?
Hey ...
Kasse
Biep
Bibiep
Biep
Du hast viel zu viel eingepackt!
Das zahlen wir besser selbst!
Wumm

Ich habe die Taschen oben abgestellt.
Wo schlafen wir denn?
In meinem Zimmer!
Und die Futons?
十勝 みつ葉牛乳
Ich bringe euch die aus dem Gäste-zimmer rauf.
Ding Dong
Dann helfe ich beim Tra...
Hm?
Ist das der Getränke-lieferant?
Shun, die leeren Flaschen stehen beim Eingang.
Rausch
Ah!
Ich gehe schon!
Watsch
Hm?
Hör auf!
Das tut weh!
Oh!

Hah
Hah
Wa...
Was zum
Teufel ...
Das
könnte
Sakurako
sein.
... machst
du hier?!
Tatsächlich!
....
Sakurako
?!
Tapp
Tapp
Ah!
Saus
Was
has...
Bamm
Argh
...
Saku-
rako!
Mein
Bruder
ist wirklich
gekommen!

Es ist doch schade um die schönen Blumen.
Damit du's weißt: Ich bin hier der, der sauer ist!
Wie immer vielen Dank.
Was sollte diese Schmierenkomödie?!
Gern geschehen.
Ignorier mich nicht!
Hey!
Ich bringe Papa die Blumen und das Essen.
Hör gefälligst zu!
Brutzel
Brutzel
Oh ja. Danke.
Schnitzel ...
Sushi ...
Sag was!
Frittierte Garnelen ...
Teigtaschen ...
Brutzel

Bist du wieder gesund?
Jetzt schon?
Ja. Etwa noch nicht?
Knarr
Gesund ...?
So schnell geht das nicht.
Hä? Also kommst du nicht mit rüber?
Heute geht es ganz schön lebhaft zu, was?
Stimmt!
Ich habe auch Sakurako eingeladen.
Papa, werd schnell wieder gesund, damit du ...
... mit uns zusammen essen kannst.

Warst du es, der Shun hergeholt hat, Fumi?
Nein.
Das habe ich mit Sakurako zusammen gemacht.
Ich wollte meinen Bruder ...
... mal kennenlernen.
Er hat mir vorhin jede Menge Süßigkeiten gekauft!
Ich geb dir nachher auch was davon ab, Papa.

Was sollte das überhaupt ...
... sogar persönlich zu kommen ...
... und mir das Blaue vom Himmel runterzulügen!
Happs
Happs
Happs
Happs
Happs
Von wegen, es ginge ihm nicht gut!
Es geht ihm doch blendend ...!
Hast du nicht gesagt, du wollest unter keinen Umständen zurückkommen?

Urks ...
Was hast du dann hier verloren?
I...
»Ja, wirklich!«
Ich ...
»Wir haben es uns versprochen!«
... wollte nur ...
»Nicht wahr ...«
»... Shun?«

Es tut mir leid ...
... dass ich mein Versprechen nicht gehalten habe.
»Ja.«
»Mit Sakurako bin ich einverstanden.«
Das kommt zwar ...
Hä?!
... etwas ...
... sp...
Platsch
......
Ich habe dich für Tante ...

... und Onkel zurückgeholt!
Ach du liebe Zeit!
Die Heirat ist mir längst ...
... völlig egal!
Wegen ...
... so einer albernen Geschichte ...
... verlange ich doch keine Entschuldigung!
Wusch
Das ...
Das ist dir doch ...

Au!
Was hast du Sakurako angetan?!
... auf keinen Fall völlig egal!
Kawumm
Schepper
Sei nicht gemein zu Sakurako!
Was soll denn das jetzt wieder?

Es ist ja gar nicht so, wie du mir erzählt hast.
Umarm
Buhuuuuuu ...
Was meinst du?
Rausch
»Ich habe den Kontakt längst abgebrochen.«
So wie du das gesagt hast ...
... dachte ich, es wäre viel ernster und euer Verhältnis wäre viel angespannter.
Ja, da hast du recht ...

Du darfst den Kontakt nicht einfach von dir aus abbrechen!
......
Ah!
Du ...
... hast bestimmt gerade gedacht, dass ich als der Jüngere von uns nicht so vorlaut sein sollte, oder?

Hab ich nicht.
Du lügst doch!
Das ist nicht gelogen.
Ich dachte, dass ich froh bin, zurückgekommen zu sein.
A...
Sst
Ach so!
Mh...
Ratter

Hechel
Hechel
Was denn?
Hechel
Jaul
Stör uns nicht!
Jaul
Shun.
Macht das, wenn ihr beide allein seid.
Jaul

Und ...
Wenn ihr eine Weile hierbleibt ...
... könnt ihr den Laden nutzen, wenn ihr ihn aufräumt.
Ach.
Liebling! Kannst du schon aufstehen?
Nein.
Es geht noch nicht so gut.
Jaul
Aaah
Das ist überhaupt nicht klasse!
S...
Siehst du?
Das ist doch klasse!
Aaaaah ...
Aaaaah ...
Aaaaaah ...
Na komm ...
Wuff?
Aaaaah ...
B...
Beruhig dich ...

Aah ...
Ich hätte doch nicht zurückkommen sollen ...
Ja, ja.
Sag doch so was nicht!

Tschilp
»Mio!«
Mja ...
Tschilp
#4
Ein Fremder im Frühlingswind
»Was möchtest du an deinem Geburtstag gerne essen?«
C...
Curry ...
Hamburger ...
Sushi ...
Ge...
Ge...
Gebratene Nudeln ...

»Was, so viel?«
»Das können wir zu zweit doch gar nicht alles aufessen!«
Dann Curry.
»Schon wieder?«
»Curry mochtest du schon immer, was?«
Und dann ...
... reicht mir ein ...
... Kuchen ...

Trampel
Tapp
Tapp
Tapp
Es ist ...
... Morgen!
Wach ...
... aaaauf!!
Flitz
Tapp
Wamm
Kommt frühstücken!
Ompf ...
Ist gut ...

Sag, geht ihr schon?
Bleibt ihr noch, bis ich wieder nach Hause komme?
Sag schon! Bleibt ihr? Oder geht ihr?
Fumi ...
... du wirst noch zu spät kommen.
Geh dlich zur Schule!
Aber ...
Wirklich?!
Juhu!
Strahl
Wir bleiben, also mach dich vom Acker.
Bis später!
Viel Spaß!
Ah!

Willkommen zurück, Papa!
Wuff
Pass auf die Autos auf.
Ja!
Miau
E...
Einen willkommen ...
... schönen ...
Einen schönen guten Morgen.
Guten Morgen.
Verbeug
Sst
Miau
Wuff
Miau
Was ist mit deiner bisherigen Bleibe?
Warum bist du zurückgekommen?
......

Du bist doch ...
... bei Tante Miyako untergekommen, oder?
Ja.
Ich bin aber erst mal ausgezogen.
Es ist schon ziemlich lange her ...
... aber sie hat uns mal angerufen.
Maunz
Ach ...
Heimlich, weil sie besorgt war.
Hm ...
Na ja, ist wohl verständlich.
Warum bleibst du nicht eine Weile hier?
Du kannst von überall aus arbeiten, oder?

Du hast doch auch nichts dagegen, Liebling, oder?
Okay?
Ist mir egal. Macht, was ihr wollt.
Siehst du?
Ja?
Ja?
So einfach ...
... ist das nicht!
...
Was ist mit dir? Was möchtest du?
Wenn du hier wohnen willst, suche ich mir eine eigene Wohnung.
Hä?
Ich?
Äh ...
Dann mach ich das auch ...
Ihr könnt ruhig beide hier bleiben.

Dein Vater hat doch ...
... gestern gesagt, dass es in Ordnung ist.
Dein Zimmer gehört jetzt zwar Fumi ...
... aber mit dem Laden kannst du machen, was du willst.
Hm ...
Na gut, dann machen wir das so.
Entschlossen

Ah ...
Ähm ...
Ratter
Verbeug
Danke, dass ich hierbleiben darf.
Ach, du bist aber höflich.
Du bist uns willkommen ...
Hi hi hi ♥
... Mio. ♥

Krah
Krah
Also ...
Ratter Ratter
... »Ihr könnt damit machen, was ihr wollt« heißt ...
Krah
Krah
... »Viel Spaß beim Putzen.« ♥
Klapper
Hashimoto
Fotostudio Hashimoto
Klapper
Was ist das für ein Laden? Heißt das, ihr habt zwei Häuser?
Badamm
Meine Großeltern sollen früher als Hobby ...
... mit Ausländern Handel betrieben haben.
Wedel
Wedel
Wir waren vor einer Ewigkeit wohl sogar mal wohlhabend.
Wow ...

Oh
Wie niedlich!
Hm?
Schau!
Mit Sakurako
Schulausflug 2. Klasse
Hui! ♥
Bamm
Ah!
Wieso?
Ist doch nichts dabei! Sind doch nur deine Kinderfotos!
Zeig sie mir! Zeig her!
Hör mal ...

Ich bin Fumi!
Wenn wir uns nicht endlich einen Schlafplatz herrichten, können wir nichts machen!
Verstehst du?
Ich bin Fumi!
Na ja ...
Was, das muss ich wohl nicht extra sagen.
Kiss
I...
I...
Ich habe verstanden. ♥
He he he
Prima!
Album

Waaah!
Wahnsinnn!
Blitz
Sauber
Jetzt ist es hier richtig schön!
Ich bin
Fumi!
Hey ...
Was willst du mit dem Kopfkissen?
Geh in dein eigenes ...
Ist ja gut
Nichts ist gut!
M...
Möchtest du bei uns schlafen?
Ja!

Zzz
Zzz
Zzzzz

Hey, Shun.
Darf ich danach noch einen Blick in die Jobbörse werfen?
Nur zu.
Formulare
Hakodate
Schalter & Auskunft
?
Was ist denn los? Du machst so ein komisches Gesicht.
Ach, nichts.
Ich muss mir eine Arbeit suchen.
Vorname
Mio
Geburtsdatum
25.12.1994
Datum
Geschlecht
Mann
Frau
Es gibt doch auch Zeitschriften mit Stellenangeboten, wenn du einen Job suchst.
Ach ja?
Dann holen wir so eine.
……
Hm?
Hm ...

Ist das Schnee?
Ja.
Mir ist kalt ...
Schnee ?!
Ich seh zum ersten Mal wel-chen!
Hm ...
Hm ...?
Es schneit, obwohl der Himmel klar ist!
Wahnsinn! Unglaublich!

Sag mal ...
Gibt es irgendwas, das du dir wünschst?
Hm?
Nein.
Dachte ich mir ...
So siehst du auch aus ...
Dann brauchst du also nichts ...
Wie kommst du so ... plötzlich darauf?
Oh!
Es gibt doch was!
Tapp
Sandalen
Ich habe keine Winterklamotten!
...
Shuns
urzärmelig
Shuns
Stimmt.

Da sind wir wieder! ♥
Nanu?
Was ist passiert?
Hallo.
Das ist sooo ♥ schön warm! ♥
Ja! ♥
Shun ... ♥
... hat mir ♥ das gekauft. ♥
Gluck
Als Geburtstagsgeschenk.
Oh, das steht dir.
Ihr wart einkaufen?
Was?!
Wieso hast du nichts gesagt?!
Moment mal! Ich habe gar nichts vorbereitet!
Der ist nicht heute.
Www
Wuff
Www
Wuff

Schlürf
Das war im Voraus, weil er keine Winterklamotten hat.
Ach so?
Ich habe noch jede Menge alte Sachen von meinem Mann.
Wenn du die anziehen möchtest ...
Was?
Ja, na klar!
Er wollte, dass ich sie wegwerfe ...
... aber dafür waren sie mir zu schade.
Früher war das schwer in Mode.
Ich habe sie aufgehoben, weil ich dachte, Shun würde sie vielleicht mal tragen.
Aber das ist ja auch eine Lösung.
Shun ...
... was ist mit dir?
Klipp und klar
Das zieh ich niemals an.
Herrje!

Und? Stehen sie mir?

Sag mal ...
... stört es dich nicht, dass das die Klamotten eines alten Herrn ...
... einer fremden Familie sind?
Hä?
Da ich meinen Vater nicht kenne ...
... freu ich mich sehr darüber.
Auf der Insel ...
... hab ich auch die Sachen von meinem Opa getragen.
Mhm ...
So alte Klamotten sind doch cool!

Ach ja?
Dir steht alles, was du trägst.
Da bin ich froh!
Schatz ...
... wo hast du die Hundeleine ...
Was denn ...?
Das alte Zeug hast du aufgehoben?

Ja. Da stecken doch Erinnerungen drin.
Sogar den jungen Leuten stehen sie fabelhaft.
Die Leine ist im Bad.
Ich war heute aber schon Gassi.
Kannst du ...
... dir nicht mal neue Sachen leisten?
Liebling!
Zuck
Also wirklich! Wie lange willst du noch so mürrisch sein?
......
Jetzt reiß dich mal zusammen!
Meine Güte!

Sie sind doch noch so jung!
Ähm ...
Ähm ...
Bis Sie wieder gesund sind, kann ich gerne ...
... mit dem Hund rausge...
Oh!
TOUCH
Wuff!
!
Mein Rücken ist wieder in Ordnung ...
Das geht doch nicht von heute auf morgen weg!
Wuff!
Wuff!
Wuff!
Wuff!
Wuff!
Wuff!
Ist ja gut.
...
Miau
Leg dich wieder ins Bett!
Tapp
Tapp
Tapp
Bin zu Hause!
Badamm

Wäre ich alleine zurückgekommen ...
Mio sagte, er kenne seinen Vater nicht.
Heißt das, seine Mutter ist alleinerziehend? Hast du dich ihr vorgestellt?
Sie leben beide nicht mehr.
... wäre es bestimmt ganz anders gelaufen.
Was?
Er ist ganz allein?
Wah!
Wuff
Wirklich?
Wah!
Sieht so aus.
Wuff Wuff
Auch heutzutage ...
... gibt es solche Kinder ...
Sieht so aus? Also wirklich ...
Er hatte bestimmt eine liebe Familie.
Ja.

Wie hast du ihn kennengelernt?
Hab ihn auf der Straße aufgelesen ...
Was redest du da?
Er ist doch kein Hund und auch keine Katze.
Hm ...
Nimm das ernst!
Das weiß ich doch.

2. Weihnachtsfeiertag
26
Quietsch
1. Weihnachtsfeiertag
25
Heiligabend
24
Quietsch
Mio!
Was gibt's?
Ich schicke mein Manuskript ab und geh einkaufen.
Kommst du mit?
Klar!
Diesmal bist du aber früh fertig!
Stapf
Bin gut vorange-kommen am Jahres-ende ...
Stapf

Naja, eigentlich ist das das Manuskript, das letzten Monat abgelehnt wurde ...
Wenn du fertig bist, sollten wir das feiern.
Oh!
Hä?
Guten Tag!
Ah, guten Tag.
Hallo ...
Ach, Shun! Guten Tag.
Verbeug
Wollen wir irgendwas Leckeres essen?
......
Muss nicht sein.
Wenn Fumi wieder da ist, wird es eh jede Menge weihnachtliches Zeug geben.
Tuschel
Tuschel Tuschel
Tuschel Tuschel
Tuschel Tuschel
Hach ...
Die Provinz ist echt ätzend ...

Ob es auch Curry geben wird?
Hä?
Na, meinetwegen ...
Curry? Warum ausgerechnet Curry?
Ha ha! Hast ja recht.
Weißt du, bei uns ...
... gab es bei Feierlichkeiten fast immer Curry.
Hm ...
Mhm ...
Curry
Na ja ...
Jede Familie ist eben anders, was?
Hm ...
Curry also ...
Tipp Tipp
Hey!
Lass uns in den Park gehen!

Hääă?
Bei der Kälte?
Wieso willst du denn …
… ausgerechnet in den Park …?
Na gut.
Juhu!
Au ja! ♥
Au ja! ♥
公園
PARK
Zu Hause sind wir …
… so gut wie nie allein.
Ist das hoch!
Aber ein Park mitten im Winter …
Stapf
Ist das kalt!
Wieso bist du so fröhlich?
Wegen des Schnees!
Ach so …
Stapf

Hach ... Mann ... Ic hab scho Schnee i den Schu hen ...
Flatsch
Meine Stimmun ist im Keller
Ah ha ha ha!
......
Flatsch
Uwah!
Raschel
Knirsch
Was fällt dir ein?!
Wie gefällt dir das im Nacken?!
Knirsch
Waaaah!
Lass das! Hör auf!
Das ist kalt!
Stapf
Hey!
Waaaah!
Bleib stehen!
Stapf
Wah!
Stapf
Wah!
Rutsch

Uwah!
サッ
Wusch
Wah!
ババッ
Raschel
Autsch!
ズシャッ
Zash
Ugh ...
Ist das kalt!

Das macht Spaß.

Gleich da drüben ist doch der Schulweg.
Ich weiß.
Da kommen viele Leute vorbei.
Ich weiß. Ich hab's trotzdem gemacht.
Die Leute ...
... könnten wieder über uns tratschen.

Das hat er ...
»Guten Tag!«
... gewusst und sie trotzdem gegrüßt?
Nanu?
Es ist ja niemand da?
Klacker
Köchel
Sie sind im Wohnzimmer.
Patt
Hm?
Was?
Schwupp
Was ist los?

HAPPY
BIRTHDA
Merry ...
Die nervige Party Time beginnt.
... Christmas!
Peng
Peng
Peng
Zipp
Woah, was habt ihr denn für eine riesige Torte gekauft?
Das ist echt übertrieben ...
Happy Birt day Mio
Vater hat sie gekauft.
Flacker
......
Pust
Na los.
Sie sind lle ange-zündet.
Sie sind ange-zündet!

......
Happy Birthday Mio
Zwei, eins ...
Happy birthday ... ♪
... to you! ♪
Puste sie endlich aus!
Hä?!
Happy birthday ...
... to you! ♪
Lufthol
Happy day Mio
Happy ...
... birthday ... ♪
Pust
Eine brennt noch!
... dear ...
Oh!
... dear Mio! ♪
Wir haben auch Curry! ♥
Pust
Sie sind aus!

Happy ...
HAPPY- BIRTHDAY
... birthday ... ♪
... to ... ♪
... you! ♪
Herrje ...
Tropf
Tropf
Seht ihr ...?

Jetzt weint er ...
Nintendo DSi
Pokétch

Schläft er?
Flüster
Flüster
Ja.
Alles okay.
Flüster
Heute schläft er ja mal auf seinem eigenen Futon.
Flüster
Ratz
Bestimmt, weil der Weihnachtsmann kommt.
Ratz
Ratz
Flüster
Ach so.
Flüster
Ratz
......
Ratz
Ratz

Kalt!
Viel zu kalt!
Klack
Klack
Zieh deinen Schlafanzug richtig an!
Stapf
Stapf
Hm ...
Du hast dir schon wieder ...
... nicht die Haare getrocknet?
Knarr
Die trocknen doch von allein.
Du bekommst 'ne Glatze!
Ich bin noch jung. Das ist kein Problem.
Www
Waaaas?
Glaubst du etwa, du bleibst ewig jung?!
Ratter
Klingeling
Klingeling
Www
Www
Ja ...
Ja ...

Jingle bells ...
Jingle bells ...
Jingle all the way ...
Www
Www
So.
Fertig.
Klack
Ooooooch!
Schenkst du mir ...
... auch was, Shun?
Und die Klamotten ?!
Nein! Ich meine, was zu Weihnachten!
Knarr
Mh...
Der Weihnachtsmann kommt nicht zu Erwachsenen.
Knarr

Ach so?
Kicher Kicher
Mh ...
Kiss
Mh ...
Mh ...
Kiss
Knarr
Knarr
Hah ...
Wühl
Hah ...
Hah ...
...
Hey ...
Berühren wir uns gegenseitig.

Knarr!
Du bist ja schon steif.
Ja.
Hältst du es noch aus?
Uh ...
Uuuuh ...
Mh ...
Mh ...
Ah ...
Knarr
Ah!
Knarr
Ah ...
Ah ...
Knarr
Kannst du nicht mehr?

?
Schieb
Ich ...
... hör nicht auf. Ich wechsle nur die Position.
Knarr
W...
Hah ...
Hah ...
Wieso denn ...?
Uwah!
Hä?!
Ah!
Ah!
Ich ...
Mh ...
Ich komm ...
Knarr
Knarr
Mh ...

Uh...
Zuck
Zuck
I...
Ratter
Ah...
Klack
Tschupp
Tschupp
tschul...
Hah...
Hah...
Hah...
Ratter
Klapper
Was?!
Ist er etwa aufgewacht?
So ein Mist!

Wenn er uns hierbei gesehen hat ...
Miau
Maunz
W...
Du erschreckst uns doch!
Maunz
Was denn? Das Kätzchen?
Wie bist du denn hier reingekommen?
Miau

Ratter
Klack
Klack
Klack
Klack

Fortsetzung folgt …

Ein Fremder im Frühlingswind

Ein leiser Fremder

Uuuuh ...
Flatter
Klack
Bis zum Abgabetermin sind es ...
... noch drei Tage?
Oder sind es nur noch zwei?
Hach ...
Das ...
Das Ende ...
Hah ...
Hah ...
... schaff ich nie!
Niemals!
Liegt er schon wieder da rum ...?
Miau
Miau
Hey, Mio!

Steh auf!
Mh ...
Du erkältest dich.
Ich bin schlapp ...
... und müde ...
Ich schlaf hier.
Gute Nacht.
Hey!
Mann! Ich versorg dich nicht ...
... wenn du dich erkältest!
Ach, das macht mir nichts aus.
Schon gut.
Arbeite lieber!
Dann ...
... schlaf doch nicht vor der Tür!

Hust
Biep
Biep
Biep
39.01°C
Siehst du?
Hab ich's dir nicht gesagt?
Mann!
Hust
Sch...
Schimpf doch nicht so!
Hust
Hust
Und ausgerechnet ...
6
13
14
21
22
Urlaub mit dem Nachbarschaftsverein
29
30
Abgabetermin
... wenn niemand da ist, um sich um dich zu kümmern!
Hust
Aber ...
Hust
Ich hab nur rezeptfreie Medikamente da.
Kannst du essen?
Ja ...

ガゴッ
Klack
Hm ...
Von wegen ... Er hat alles aufgegessen ...
Es ist nichts mehr da ...
Klapper
Wühl
Raschel
Ah!
Reis!
Da.
Sieht komisch aus ...
Knick
Knack
Aber ... geschmacklich ...
......
Und die Medizin.

I …
Ich muss schnell gesund werden …
Hier, Wasser.
Ja, bitte.
Würg
Würg
Würg
Spuck
Hust
Hust
Raschel
Hust
Alles in Ordnung? Willst du was trinken?
Hust
Geht schon.
Arbeite weiter.
Hust

Mach lieber die Tür zu, damit du dich nicht ansteckst.
Raschel
Klapper
Klick
Strahl
Wah!
Oh.
Tut mir leid.
Du willst hier arbeiten?
Ja.
Raschel
Hast du's bald geschafft?
Ich bin noch laaange ...
... nicht fertig.
Tut mir leid ...
... dass ich dich ständig davon abhalte.

Ich ...
... kann nicht ko- chen, also sieh zu ...
... dass du schnell wieder ge- sund wirst.

Ja.
Ist gut.
Hey, was ist denn mit dir?
Alles in Ordnung mit ihm?
Seelachs-rogen!
Wieso hütest du das Bett?
……
はかた
ラーメン

tan tan
はかたん
ラーメン

STAFF AND CAST
Kanna Kii
Miau
Wir sehen uns in Band 2 wieder!

TOKYOPOP GmbH
Hamburg

TOKYOPOP
7. Auflage, 2023
Deutsche Ausgabe/German Edition

Aus dem Japanischen von Diana Hesse

HARUKAZE NO ETRANGER

First published in Japan in 2015
by SHODENSHA PUBLISHING CO., LTD., Tokyo.
German translation rights arranged
with SHODENSHA PUBLISHING CO., LTD.
through Tuttle-Mori Agency, Inc., Tokyo.

Redaktion: Beatrice Beckmann
Lettering: Vibrant Publishing Studio
Herstellung: Shujun Wong
Druck und buchbinderische Verarbeitung:
CPI – Clausen & Bosse GmbH, Leck
Printed in Germany

MIX Papier FSC® C083411

Wir achten auf die Umwelt.
Dieses Produkt besteht aus FSC®-zertifizierten und anderen kontrollierten Materialien.

ISBN 978-3-8420-2411-3

www.tokyopop.de

STOPP!

Dies ist die letzte Seite des Buches!
Du willst dir doch nicht den Spaß verderben
und das Ende zuerst lesen, oder?

Um die Geschichte unverfälscht und originalgetreu mitverfolgen zu können, musst du es wie die Japaner machen und von rechts nach links lesen. Deshalb schnell das Buch umdrehen und loslegen!

So geht's:

Wenn dies das erste Mal sein sollte, dass du einen Manga in den Händen hältst, kann dir die Grafik helfen, dich zurechtzufinden: Fang einfach oben rechts an zu lesen und arbeite dich nach unten links vor. Viel Spaß dabei wünscht dir TOKYOPOP®!